글쓴이 한무영

서울대학교 공과대학과 대학원에서 토목공학을 공부하였고, 미국 텍사스 오스틴 주립대학에서 환경공학을 전공, 공학박사 학위를 받았습니다. 서울대학교 건설환경공학부 교수, 서울대학교 빗물연구센터 소장, (사)빗물모아 지구사랑(Rain for All) 회장, 세계물학회(IWA) 빗물관리 전문분과(Rainwater Harvesting and Management Specialist Group) 위원장으로 활발한 활동을 하고 있습니다. 저서와 역서로 『지구를 살리는 빗물의 비밀』, 『빗물을 모아쓰는 방법을 알려드립니다』 등이 있습니다. 2005년 세계환경공학과학교수협의회(AEESP) 최우수논문상과 2008년 SBS 물환경대상 두루미상 그리고 〈기후변화 적응을 위한 레인시티의 확산〉이란 프로젝트로 2010 IWA의 창의혁신프로젝트 상을 받았습니다.

그린이 소복이

대학교에서 역사를 공부했어요. 지금은 만화가와 일러스트레이터로 활동하고 있습니다. 호기심이 많고 생각하는 것을 좋아해, 궁금한 것이 있으면 길거리를 걸으며 깊이 생각에 빠집니다. 어린이 교양월간지 『고래가그랬어』에 〈우리 집은 너무 커〉를 연재하고 있습니다. 작품집으로는 『아빠, 게임할 땐 왜 시간이 빨리 가?』, 『우주의 정신과 삶의 의미』, 『시간이 좀 걸리는 두 번째 비법』 등이 있습니다.

한무영 교수가 들려주는
빗물의 비밀

1판 1쇄 발행 2010년 9월 2일
1판 5쇄 발행 2015년 4월 20일

글 한무영 | **그림** 소복이
펴낸이 안성호
편집 이소정 안주영 | **디자인** 박은숙
펴낸곳 리젬 **출판등록** 2005년 8월 9일 제 313-2005-00176호
주소 121-821 서울시 마포구 동교로9길 9 102호
대표전화 02-719-6868 | **편집부** 070-4616-6199 | **팩스** 02-719-6262
홈페이지 www.ligem.net
전자우편 iezzb@hanmail.net

ISBN 978-89-92826-41-9
값 11,000원

이 도서의 국립중앙도서관 출판시도서목록(CIP)은 e-CIP 홈페이지(http://www.nl.go.kr/ecip)에서 이용하실 수 있습니다. (CIP제어번호: CIP2010003097)

이 책의 글과 그림 일부 또는 전부를 재사용하려면 반드시 저작권자와 도서출판 리젬 양측의 동의를 얻어야 합니다.

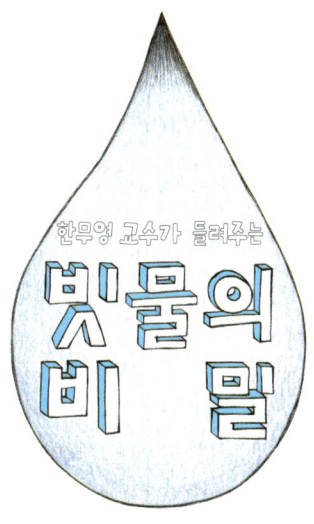

한무영 교수가 들려주는
빗물의 비밀

글_한무영 그림_소복이

리젬

머리말

우리는 어렸을 때부터 자연을 아끼고 보호하며 사랑해야 한다고 배웁니다. 하지만 배운 것을 일상생활에서 실천하기란 쉬운 일이 아닙니다. 좀 더 편리한 것을 찾게 되고 나 혼자 이렇게 한다고 세상이 달라질까, 라는 생각을 합니다. 사람들은 모두 행복하게 살기를 원합니다. 그런데 행복을 추구하는 것에는 반드시 책임도 따른다는 것을 기억해야 합니다. 지금 우리가 볼 수 있는 산과 나무, 바다 등의 자연은 어느 누구의 것도 아닙니다. 조상들이 물려주신 소중한 자연을 우리는 잠시 빌리는 것뿐입니다. 시간이 흘러 후손들도 아름다운 자연을 볼 수 있도록 가꾸어야 합니다.

물을 아껴 써야 한다는 말은 종종 듣습니다. 그런데 빗물이 유용한 자원이 될 수 있다고 생각해 본 적은 그리 많지 않을 것입니다. 빗물의 경제성에 대해 대부분의 사람들이 생각하지 않기 때문입니다. 생수, 지하수, 약수 등 모든 물의 근원은 바로 빗물입니다. 바다가 생성된 과정과 물의 순환과정을 떠올려본다면 쉽게 이해가 될 것입니다.

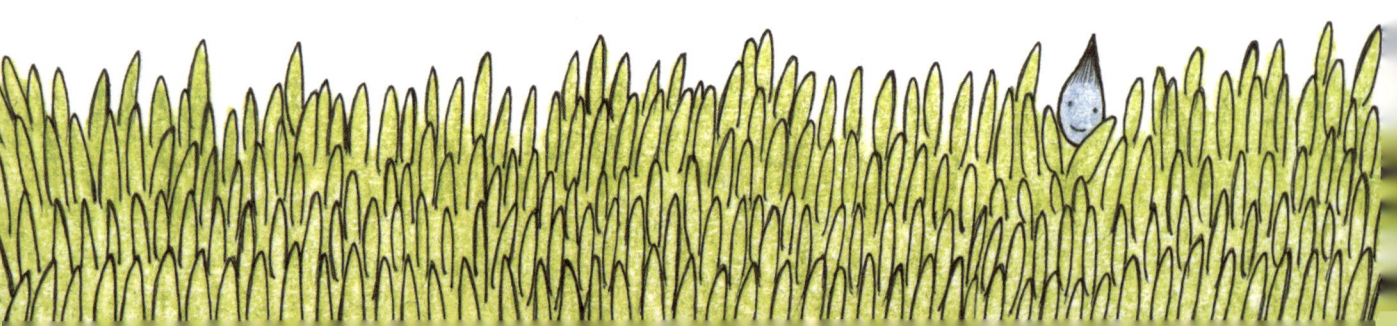

　물이 부족하면 제일 먼저 해야 할 일은 당연히 물을 아껴 쓰는 것입니다. 하지만 단순히 물을 아껴 쓰는 것만으로 고갈되는 자원을 채울 수는 없습니다. 보다 근본적인 방법을 찾아야 합니다. 바로 물의 근원이 되는 빗물을 활용하는 것입니다.

　빗물은 어떤 물보다도 가장 깨끗한 물입니다. 빗물을 모아서 활용할 수 있는 것들은 무수히 많습니다. 미래의 꿈을 향해 나아가는 어린이들이 빗물에 대해 제대로 알고 빗물을 활용할 수 있기를 바라는 마음으로 이 글을 쓰게 되었습니다. 우리 조상들의 홍익인간 정신을 생각하며 빗물을 이용하는 지혜를 알리고 싶었습니다. 자연을 소중히 생각하며 나 혼자만 편안한 것이 아닌, 더불어 살아가는 삶을 실천하는 것입니다.
　하늘에서 내리는 빗물이 반가운 친구가 되기를 간절히 바랍니다.

2010년 8월, 한무영

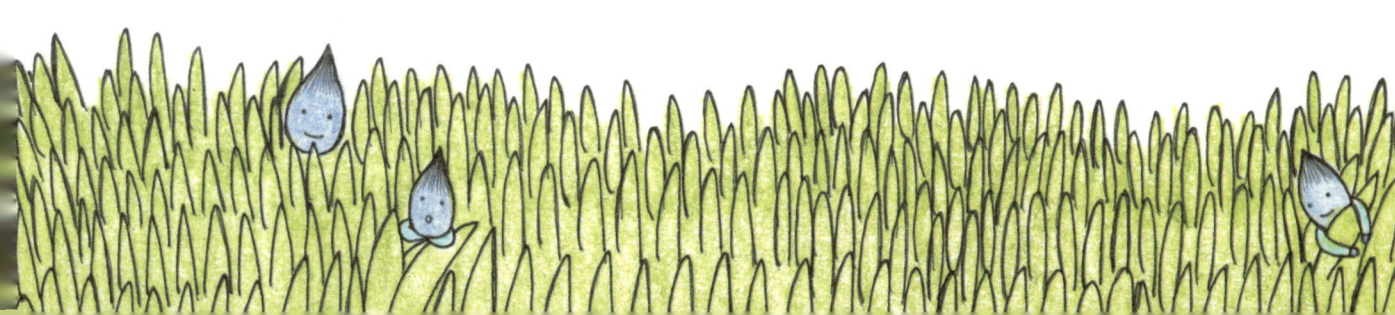

차례

머리말 · 4

1장 모여라, 빗물

빗물이 모여 거대한 바다가 되었어요 · 10
수돗물은 어떻게 만들어질까요? · 12
빗물이 제일 깨끗해요 · 14
얼음 알갱이는 변신을 잘해요 · 16
우리나라에는 비가 얼마나 내릴까요? · 19
우리 조상들은 과학적으로 물을 관리했어요 · 20
200년이나 앞서 측우기를 발명했어요 · 24

2장 소중한 빗물

화폐 단위가 빗방울이에요 · 30
도시에서 빗물의 길을 찾아요 · 32
지구온난화로 지구가 아파요 · 34
하천이 메말라 가고 있어요 · 36
나는 물을 얼마나 사용하나요? · 38

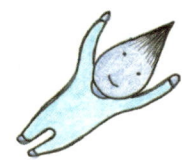

3장 참참참, 빗물

빗물은 산성일까요? · 42
공기에서는 위험해도 물에서는 위험하지 않아요 · 43
찰랑거리는 머릿결을 만들어 보세요 · 44
대머리 걱정은 하지 마세요 · 46
빗물을 마셔요 · 48

4장 빗물은 보물창고

높은 곳이 좋아요 · 52
오염물질이 적어요 · 54
빗물을 모으는 시설을 설치해요 · 56
할 수 있는 일이 정말 많아요 · 58

5장 빗물의 활용

우리나라의 사례 · 62
외국의 사례 · 68

1장 모여라, 빗물

사람이 살아가기 위해서는 필요한 것들이 아주 많아요.
그중에서 우리가 매일 마시는 물은 참 소중해요.
여러분은 모든 물의 근원이 빗물이라는 것을 알고 있나요?
지금부터 물의 기원을 통해 우리 조상들의 지혜를 살펴보아요.

빗물이 모여 거대한 바다가 되었어요

흔히 지구를 초록별 또는 물의 행성이라고 불러요. 태양계의 여러 행성 중 지구에만 물이 있기 때문이에요.

하지만 46억 년 전 지구가 탄생했을 때는 물이나 대기가 없었어요. 처음에는 불덩어리였던 지구가 차츰 식으면서 화산 폭발이 일어났고, 지구 내부에서 빠져나온 기체들이 지구를 감싸는 대기가 되었지요.

이때 대기의 대부분이었던 수증기가 점점 더 크게 뭉쳐졌고 더 이상 버틸 수 없는 상태가 되었어요. 이 수증기들은 비가 되어 수백 년 동안 지표면에 떨어졌어요. 그래서 지표면의 낮은 부분은 물로 채워지고 바다가 생기게 된 것이랍니다.

일부 과학자들은 물이 풍부한 *소행성이 지구에 계속 충돌해서 바다가 생겼다고 말하기도 해요. 소행성에 있는 *원소 구성 비율이 바닷물과 거의 일치하기 때문이에요.

★ **소행성**
화성과 목성 사이에서 태양의 둘레를 도는 작은 행성입니다.

★ **원소**
물질을 구성하고 있는 기본적인 성분입니다.

내 몸은 구부러졌어요

물 분자는 수소 원자와 산소 원자가 104.5도의 각도로 구부러져 있어요. 그래서 물은 매우 강한 *표면장력을 지니고, *끓는점과 *녹는점이 높아요. 만약 물 분자의 구조가 180도의 일직선이었다면 지구에 생명체가 탄생하지 못했을지도 몰라요. 왜냐하면 물이 -80℃에서 끓게 되어 지구의 모든 물이 기체가 되어 사라져 버리기 때문이지요.

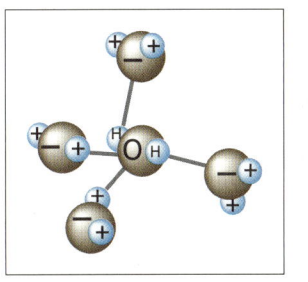

▶ 물 분자를 이루는 수소와 산소의 결합은 구부러진 것처럼 보이고 전체는 삼각뿔 모양이에요.

★ **표면장력**
액체의 표면이 가능한 한 작은 면적을 차지하려는 힘입니다.

★ **끓는점**
1기압에서 액체가 끓는 온도입니다.

★ **녹는점**
순수한 물질이 고체에서 액체로 변할 때의 온도입니다.

수돗물은 어떻게 만들어질까요?

지구상의 물은 약 97%가 바다에 존재하고 2%가 빙산과 빙하에 포함되어 있어요. 그리고 나머지는 지하수, 호수, *염분호, 토양, 강 등에 있답니다. 물은 한 곳에 머물러 있지 않고 비, 구름, 바다 등 다양한 형태로 변하면서 순환해요. 태양열에 의해 증발된 물은 대기 중에 모여 구름을 만들지요. 구름에 포함된 수증기가 모여 비, 눈, 우박 등으로 떨어지는 거랍니다.

지구에는 이렇게 많은 물이 있지만 대부분의 물은 우리가 마실 수 없는 바닷물이에요. 여러분들이 흔하다고 생각하는 물이 얼마나 소중한 자원인지 이제는 알겠지요?

그렇다면 우리가 마실 수 있는 수돗물은 어떻게 만들어질까요? 강이나 계곡의 물은 *응집과 침전과정을 거치면 더러운 찌꺼기들이 점점 무거워져 바닥에 가라앉고 깨끗해진 물은 여과 시설로 가요. 이곳에서는 전 단계에서 남아 있던 작은 찌꺼기들이 제거돼요. 그리고 약품을 넣어 병원균을 없앤 후 가정으로 공급하는 것이지요. 수돗물을 만들기 위해서는 많은 비용이 들어요. 따라서 물을 아껴 쓰는 것이 가장 중요하고 물을 적절히 활용할 수 있는 방법을 찾아야 해요. 가장 좋은 방법 중 하나는 수돗물의 근원이 되는 빗물을 모으는 것이지요.

★ 염분호
소금기가 있는 호수입니다.

★ 응집
한군데에 엉겨서 뭉쳐 있는 것입니다.

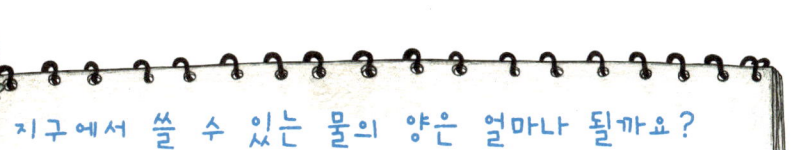

지구에서 쓸 수 있는 물의 양은 얼마나 될까요?

지구는 70% 정도가 물로 덮여 있고 이 중 바닷물이 97.5%를 차지해요. 하지만 바닷물에는 염분이 많아 그냥 사용할 수 없어요. 나머지 2.5%는 민물인데 이 물도 그대로 쓸 수 없답니다. 민물 중 1.76%는 남극이나 북극 지역에 있고 0.76%는 지하수로 존재해요. 그리고 단지 0.0086%만 하천이나 호수에 있지요.

세계의 많은 사람들이 지구에 존재하는 물의 0.0086%를 먹고 쓰고 버리는 거예요.

빗물이 제일 깨끗해요

약수, 생수, 지하수, 하천수, 댐수 등 모든 물의 근원은 빗물이에요.

비가 산에 떨어지면 계곡수가 되고 이것이 냇물이 되고 강물이 되어 결국 바다로 흘러가요. 이 과정에서 물의 일부는 증발하고 지하에 들어가지요. 지하에 들어간 물은 천천히 솟아나 약수가 되기도 해요. 그리고 강이나 댐에서 필요한 물을 끌어와 정수 처리를 거친 후에 상수로 공급돼요. 공급된 상수는 하수처리장을 거쳐서 다시 강으로 흘러가지요.

이러한 물의 순환과정을 볼 때 오염물질은 하류로 갈수록 많아진다는 것을 알 수 있어요. 따라서 모든 물의 근원인 빗물이 가장 깨끗해요.

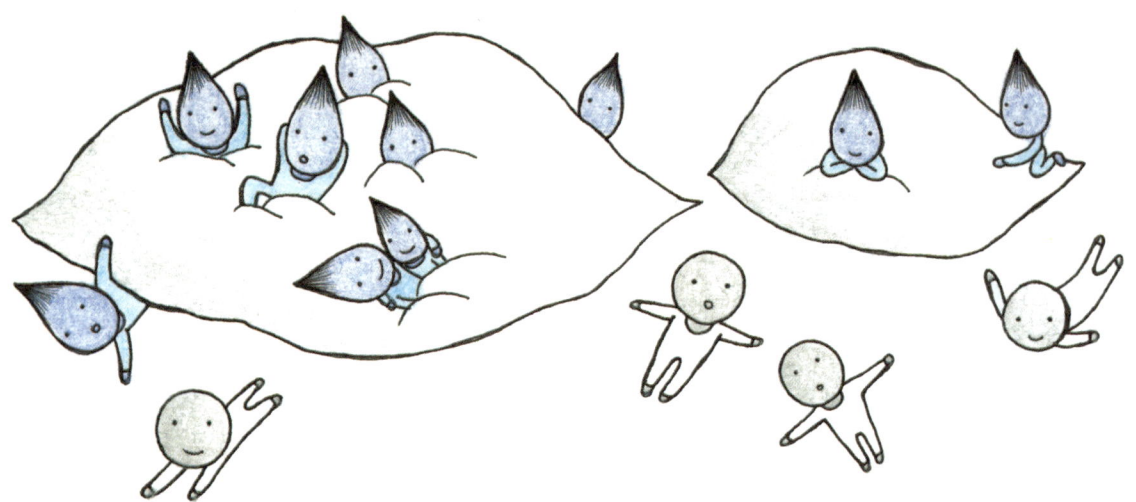

얼음 알갱이는 변신을 잘해요

　수증기를 포함한 공기는 지표 가까이에서 데워지면 위로 올라가요. 위로 올라갈수록 수증기는 먼지, 화산재, 소금 성분, 오염물질 등과 합쳐져서 작은 물방울이나 얼음 알갱이가 돼요. 이것이 바로 구름이지요.
　물방울이나 얼음 알갱이의 크기에 따라 빛을 반사하거나 흡수하는 성질이 달라서 흰구름이 되기도 하고 먹구름이 되기도 한답니다. 맑은 하늘에 떠 있는 구름은 평온하게 보이지만 그 속에서는 매우 활발한 활동이 일어나고 있어요.

    우리나라처럼 온대지방과 한대지방의 구름 속에는 물방울뿐만 아니라 얼음 알갱이도 같이 있어요. 구름 속에서는 물방울보다 얼음 알갱이에 수증기가 더 빨리 달라붙어요. 그러니까 물방울보다 얼음 알갱이가 더 빨리 커지겠지요?

    점점 무거워진 얼음 알갱이는 구름 속에 머무르지 못하고 땅으로 떨어져요. 얼음 알갱이가 땅에 가까워지면 점점 높아지는 기온 때문에 녹게 돼요. 결국 커다란 얼음 알갱이는 빗방울로 변하게 되지요.

    그러나 추운 겨울에는 온도가 낮아서 얼음 알갱이는 녹지 않고 그대로 떨어져요. 이것이 바로 눈이에요.

톡!톡! 빗물 이야기

빗물 탐구 생활

빗방울의 크기

구름을 이루는 작은 물방울의 지름은 평균 0.01mm 정도이고 보통 빗방울의 지름은 1mm 정도예요.

강수이론

- **빙정설 :** 빙정설은 중위도와 고위도지방의 강수를 설명하기 위한 학설이에요. 중위도와 고위도지방 하늘의 구름 내부에는 높이에 따라 빙정으로만 된 층, 물방울로만 된 층, 물방울과 빙정이 섞여 있는 층이 있어요. 구름 내부에 물방울과 *빙정이 있을 경우, 수증기가 빙정에 달라붙어 빙정이 성장하게 돼요. 이렇게 빙정이 점점 무거워져 떨어지면 눈이 되고, 내리다가 녹으면 비가 돼요.

- **병합설 :** 병합설은 열대지방의 비를 설명할 때 필요해요. 구름 입자의 크기는 10*마이크로미터 정도인데 1mm 정도의 빗방울이 되려면 약 100만 개의 구름 입자가 합쳐져야 해요. 더운 지방의 구름은 주로 *대류에 의해서 생기므로 구름 내부에는 상승 기류가 존재해요. 이 과정에서 구름 입자가 충돌해서 커지고 무거워져서 비가 내리게 돼요.

비의 종류

- **이슬비 :** 지름 0.2~0.5mm로 매우 가늘게 내리는 비예요. 마치 대기 중에 떠돌아다니는 것처럼 보이지요.
- **가랑비 :** 빗방울의 지름이 보통 0.5mm 정도인 것을 말하며, 이슬비보다는 조금 굵지만 가늘게 내리는 비예요.
- **소나기 :** 굵은 빗방울(지름 5~8mm)이 짧은 시간에 세차게 내리다가 그치는 비예요. 주로 한여름에 내리며, 천둥과 번개가 따르는 경우가 많아요.

★ **빙정**
대기의 온도가 0℃ 이하일 때 대기 속에 생기는 눈과 같은 작은 얼음의 결정입니다.

★ **마이크로미터**
1마이크로미터는 1미터의 100만분의 1입니다.

★ **대류**
기체나 액체에서 물질이 이동함으로써 열이 전달되는 현상입니다.

우리나라에는 비가 얼마나 내릴까요?

우리나라는 한대와 열대의 중간쯤에 위치해 있고, 국토의 65% 정도가 산악 지형이기 때문에 불규칙적으로 비가 내려요. 비가 제일 많이 내렸을 때와 제일 적게 내렸을 때의 강수량 차이가 무려 2.4배나 돼요.

여름철인 6월에서 9월까지는 연중 강수량의 약 70%가 내리고 그중에서 약 31% 정도가 바다로 바로 흘러가요. 지역별로 제주도를 포함한 남해안 및 내륙지역, 영동, 경기 지역이 비가 많이 내리는 지역이고, 영남북부 지역은 가뭄 지역이에요.

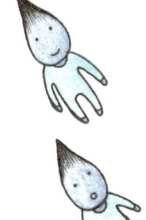

우리나라 연평균 강수량은 세계 평균의 1.4배예요. 하지만 높은 인구밀도로 인해 1인당 연간 강수량은 세계 평균의 13%에 불과해요.

최근에는 기후변화 때문에 전 세계적으로 홍수와 가뭄의 피해가 더욱 많아지고 있어요. 그리고 이상 기온, 해수면의 상승, 도시지역의 *열섬 현상, 지하수위의 하강, 건강 문제 등의 피해가 서서히 나타나고 있어요. 이처럼 우리나라는 불규칙적으로 비가 내리기 때문에 우리 조상들은 이를 극복하기 위한 연구에 힘을 쏟고 실천에 옮겼지요.

★ 열섬 현상
도시의 기온이 주변 지역보다 높아지는 현상입니다.

우리 조상들은 과학적으로 물을 관리했어요

고구려의 옛 성이나 로마시대 도시의 유적지를 발굴해 보면 공통점이 있는데 무엇일까요? 바로 우물터나 수로 등 물 공급 시설과 배수 시설이 있다는 점이에요. 예전이나 지금이나 도시를 만들 때 중요했던 것은 바로 안전한 물의 공급과 하수 배출이었지요.

고대 도시가 오랫동안 존재했던 이유는 바로 물 관리를 잘했기 때문이고, 최고 통치자는 물을 공급하는 수단과 방법을 잘 알고 있어야 했어요.

고대의 물 관리는 농경과 관련된 수리 시설을 살펴보면 알 수 있어요. 여러분은 청동기시대 이전에 한반도에서 벼를 재배했다는 사실을 알고 있나요? 이 사실은 3,000년 전에 우리 민족이 상당한 수리 기술을 가지고 있었다는 것을 추측할 수 있게 하지요.

재미있는 사실은 조상들의 논농사가 빗물 관리에 쓸모가 있었다는 점이에요. 논은 훌륭한 소규모 댐의 역할을 했어요. 계단식 논과 같은 과학적인 구조를 통해 물이 자연스럽게 하류로 흘러가도록 했지요. 논은 홍수 방지, 지하수위 보충, 생물 다양성의 확보, 토양침식 방지 등 다목적으로 이용되었어요.

특히 신라의 서라벌은 근처에 큰 강이 없음에도 불구하고 1,000년 동안 도읍지였어요. 한창 번성할 때에는 약 90만 명까지 살았다고 해요. 그리고 현재는 경주라는 도시가 유지되고 있지요. 전 세계에서 이렇게 오랫동안 사람이 거주하고 번성한 도시는 많지 않아요.

신라 사람들의 물 관리에는 어떤 비밀이 숨겨져 있을까요? 저수지나 수로가 없는 집에서는 비가 오면 물을 땅속에 저장했고 우물을 사용했어요. 또한 똥과 오줌 등 더러운 물에 우물물이 오염되지 않도록 많은 노력을 했지요. 신라 지역의 강우 특성과 토양 특성을 잘 살펴서 빗물을 모아 사용할 수 있도록 하고, 물 관리에 들어가는 경제적 부담을 줄이기 위한 것이었어요. 신라만의 물 관리 방법은 전 세계에 전파할 만한 중요한 가치가 있답니다.

톡!톡! 빗물 이야기

둑을 쌓아 저수지를 만들었어요

삼한시대에는 둑을 쌓아서 저수지를 만드는 기술과 함께 개울의 일부 또는 전부를 가로막아 물길을 돌리는 보(洑)를 만들었어요. 저수지와 보는 가뭄과 홍수를 방지하고 농사를 짓는 데 도움을 줬어요. 당시 만들어진 저수지로는 김제의 벽골제, 상주의 공검지, 제천의 의림지 등이 있어요.

김제 벽골제

벽골제는 우리나라 최대의 고대 저수지예요. 전라북도 김제시 부량면 신용리에서 월승리에 걸쳐 약 3km에 이르는 둑이 지금도 있지요.

『삼국사기』에는 흘해왕 21년에 벽골제를 만든 것으로 기록되어 있어요. 그러나 흘해왕 21년, 즉 서기 330년에는 이 지역이 백제의 영토였어요. 따라서 벽골제를 쌓아 만든 시기는 백제 11대 비류왕 27년(330)으로 보아야 해요. 벽골제는 이후 통일신라 원성왕 6년(790)과 고려 현종 및 인종 때 고쳐 쌓은 후, 조선 태종 15년(1415)에 손질해서 고쳤으나 세종 2년(1420)에 심한 폭우로 망가졌어요. 일제강점기인 1925년, 동진토지개량조합에서 농사짓는 데 필요한 물을 대는 통로로 고쳐 이용하면서 원래의 모습이 크게 훼손되었어요.

▶ 벽골제는 전라북도 김제시에 있으며, 지금은 그 터가 논 가운데 드문드문 남아 있어요.

농경 사회에서 물을 다스리는 것은 식량 생산에 절대적인 요소였어요. 즉, 생존의 문제이자 국가 차원에서 중요한 문제였지요. 대규모 수리 시설은 국가의 중심이 되는 시설이었으며, 홍수나 가뭄을 막는 일은 왕의 권능과도 밀접한 관련이 있었지요. 벽골제는 둑을 쌓는 데만 32만여 명이 동원된 것으로 짐작되며 수문 및 하천 공사까지 하려면 더 많은 인원이 필요했던 것으로 보여요. 당시 사회 규모와 인구수 등을 생각한다면 벽골제의 공사가 얼마나 거대한 사업이었는지 알 수 있겠지요?

상주 공검지

공검지는 경상북도 상주시 공검면에 있는 저수지로 원삼국시대에 만들어진 것으로 추정돼요. 김제 벽골제, 제천 의림지와 더불어 조선시대의 3대 저수지로 알려져 있어요.

이 저수지는 공갈못이라고도 불러요. '공갈'이란 이름은 아이를 묻고 둑을 쌓았기 때문에 생겼다는 설이 있어요. 예부터 공검지는 연꽃이 활짝 피면 중국의 전당호와 견줄 만하다고 하였고, 이로 인해 '공갈못 노래'가 만들어져 전파되기도 하였지요.

저수지의 규모는 꽤 컸는데 오랜 세월을 거치며 폐허가 되어 버렸어요. 하지만 1993년, 수심 3.4m의 연못으로 확장 공사를 했어요.

▶ 공검지는 경상북도 상주시에 있으며, 예전에는 연꽃으로 유명했어요.

제천 의림지

의림지는 삼한시대에 만들어진 김제 벽골제, 밀양 수산제와 함께 우리나라 최고의 저수지예요.

고려 성종 11년(992)에 군현의 이름을 고칠 때 제천을 '의원현' 또는 '의천'이라고 하였는데, 그 후에 제천의 옛 이름인 '의'를 붙여 의림지라 부르게 되었어요. 의림지를 쌓은 명확한 시기는 알 수 없으나 전해지는 바에 따르면 신라 진흥왕(540~575) 때 가야금을 만든 우륵이 용두산에 서서 흘러내리는 개울물을 막아 둑을 만든 것이 이 못의 시작이라고 해요. 그 후 700년이

▶ 의림지는 충청북도 제천시에 있으며, 삼한시대의 농업기술 연구에 중요한 자료예요.

지나 현의 으뜸인 현감 박의림이 물이 새는 것을 막기 위해 연못 수위에 3층으로 돌을 쌓았어요. 돌바닥에는 박의림 현감의 이름이 새겨져 있지요. 의림지는 삼한시대 농업기술을 연구하는 데 귀중한 자료가 되고 있어요.

200년이나 앞서 측우기를 발명했어요

옛날 사회에서 농사일은 다른 어떤 일보다 중요했어요. 하지만 그 당시에는 작물을 키우는 데 필요한 물을 하늘에 의존해야만 했지요. 그래서 제때 비가 오지 않으면 한 해 농사를 망칠 수밖에 없었어요.

고려 말 우리 조상들은 이런 문제를 해결하기 위해서 비의 양을 기록했어요. 하지만 특이한 자연현상을 기록하거나 땅이 젖은 정도를 이용하여 간접적으로 측정했기 때문에 정확하지 않았어요. 조선시대에 세종대왕은 백성들이 굶주리지 않고 배불리 살 수 있는 방법이 농사라는 것을 깨달았어요.

어느 날, 세자인 문종은 장영실이 만든 자격루를 보고 번뜩이는 생각을 떠올렸어요. 구리로 그릇을 만들어서 비가 온 양을 측정하는 것이었지요. 다음 해인 세종 24년, 측우기가 궐내에 설치되었어요. 측우기는 빗물을 효과적으로 받아낼 수 있는 적당한 크기였고, 이때부터 비의 양을 정확한 수치로 기록할 수 있게 되었어요.

이 측우기는 이탈리아의 베네데토 카스텔리가 만든 우량계보다 200년이나 앞서 발명된 것이지요.

당시 전국의 강우를 측정한 기록으로 홍수와 가뭄을 대비했어요. 또한 지구 전체 강수량의 시간적 변화도 비교할 수 있게 되었지요.

톡!톡! 빗물 이야기

이기적인 마음을 버려요

우리 민족은 '널리 인간을 이롭게 하자'는 홍익인간 정신으로 살아왔으며, 헌법이나 교육의 이념에도 이와 같은 아름다운 마음씨가 깃들어 있어요. 인간과 자연의 관계에서도 마찬가지였지요. 우리 조상들은 자연과 조화를 이루며 사는 것을 중요하게 생각했어요.

우리나라는 몬순기후이기 때문에 여름에는 비가 많이 내리고 봄에는 가뭄이 들기 쉬워요. 비가 많이 내리면 내 집에 떨어지는 물로 인해 하류의 집이 침수될 수도 있었어요. 다른 집을 배려하기 위해서 빗물 관리는 필수였지요. 또한 비가 내렸을 때 잘 모아둔 빗물은 가뭄이 일어났을 때 효과적으로 쓸 수 있었어요.

이러한 조상들의 지혜를 잘 활용하면 최근 우리나라에서 반복되는 도시홍수를 줄일 수 있어요. 도시홍수가 일어나는 가장 큰 이유는 무엇일까요? 바로 비가 오면 집에서 빗물을 빨리 내보내려고 하는 이기적인 마음 때문이에요. 집집마다 이런 마음으로 빗물을 내보내다 보니 하류에는 매우 많은 양의 빗물이 모일 수밖에 없지요. 낮은 지대가 물에 가라앉으려고 하면 빗물을 퍼내 강으로 보내는 사람도 있어요. 그러면 이미 넘실거리는 하천의 약한 둑이 넘쳐 하류의 다른 사람들이 피해를 입기도 해요.

▶ 집중호우로 물이 불어난 경기도 성남시 분당구 탄천의 모습이에요.

이러한 도시홍수를 해결하기 위해서는 우리 조상들의 홍익인간 정신이 필요해요. 도시 전체에 많은 빗물 저장조를 건설해서 빗물이 모이면 천천히 내려 보내야 해요. 그리고 모인 빗물을 잘 저장해서 마른 하천에 공급하는 방법도 있지요.

이렇듯 체계적인 빗물 관리법과 관련 제품들을 개발해서 수출한다면 국가 경제에도 도움이 되고 우리의 자랑스러운 문화를 세계에 알릴 수 있을 거예요.

기우제와 기청제

가뭄이 들었을 때 비가 내리기를 기원하는 제사가 바로 기우제예요. 단군 이야기를 보면 환웅이 풍백·우사·운사를 거느리고 내려왔다는 내용이 있어요. 이것을 통해 고조선 사회가 물에 의존하는 농경 사회였음을 알 수 있지요. 그 이후로도 기우제는 조정에서 마을에 이르기까지 나라 전체가 지내는 가장 큰 행사였어요.

▶ 기우제의 방법은 지역에 따라 다양했어요. 부녀자나 과부에게 물을 뿌리기도 했지요.

기우제는 지방에 따라 다양했어요. 아들을 못 낳는 여인들만 골라 물을 뿌리며 *비빌이 춤을 추게 했고, 부녀자들에게 삿갓을 씌우거나 과부에게 솥뚜껑을 씌워놓고 물을 퍼붓기도 했어요. 그런데 왜 여자들에게만 물을 뿌린 걸까요? 옛날에는 남자는 하늘, 여자는 땅이라는 상징적인 의미가 있었어요. 그래서 하늘인 남자가 비를 뿌리려면 땅인 여자의 힘이 필요하다고 생각했어요.

기우제와는 반대로 기청제는 장마가 그치고 날씨가 맑아지기를 기원하는 제사예요. 우리나라에서는 삼국 시대부터 국가에서 기청제를 지냈어요. 전한시대 중국 기록을 보면 기청제 때는 성 안의 모든 샘물을 덮고, 모든 사람들이 물을 쓰지 못하도록 했다는 내용이 있어요. 그리고 기청제 전날에 부부는 방을 따로 써야 했고, 기청제 날에는 부녀자들의 나들이가 금지되었어요. 제사식장에는 붉은 깃발을 내걸고 제사의 주장이었던 상제는 붉은 옷을 입었다고 해요.

▶ 기청제는 기우제와는 반대로 날씨가 맑아지기를 기원하는 제사예요.

★ 비빌이 춤
속고쟁이를 벗고 통치마를 돌려가며 추는 춤입니다.

2장 소중한 빗물

이상기후로 지구는 점점 뜨거워지고 있어요.

하천도 메말라 가고 있지요.

우리가 일상생활에서 사용하는 물은 풍족하지 않아요.

이러한 문제를 해결할 수 있는 방법을 살펴보아요.

화폐 단위가 빗방울이에요

하늘에서 떨어지는 빗방울을 돈이라고 생각하는 나라가 있어요. 바로 아프리카의 보츠와나예요. 이 나라의 화폐 단위는 풀라(pula)와 테베(thebe)인데 재미있게도 모두 빗방울을 의미한답니다. 우리나라에서 100원, 200원이라고 하는 것처럼 보츠와나에서는 100풀라(빗방울), 200테베(빗방울)라고 하는 것이지요.

▶ 보츠와나는 아프리카 남부에 있는 공화국이며 1966년에 영국으로부터 독립했습니다.

강수량이 적은 보츠와나는 경제성장을 하기 위해 빗물을 이용하는 기술이 발전했어요. 이것뿐만이 아니에요. 태양에너지와 바람의 힘을 이용하여 지하수를 퍼 올리는 기술도 개발했지요.

우리나라의 제주도에서는 얼마 전까지만 해도 나무에서 빗물을 모으는 참항이라는 물동이가 있었어요. 이것을 이용해서 빗물을 받으면 물을 멀리서 길어 오지 않아도 되기 때문에 노동력과 시간을 절약할 수 있었지요. 또한 빗물로 머리를 감거나 빨래를 하면 훨씬 보드랍고 비누가 적게 들어가는 장점도 있어요.

최근에는 부유한 선진국에서도 빗방울의 가치를 인정하기 시작했어요. 곡식이나 과일을 수확하듯이 빗물도 수확하자는 의견까지 나오고 있어요. 빗물은 떨어진 그 자리에서 쓸 수 있기 때문에 운반이 필요 없고, 깨끗한 물을 얻을 수 있는 친환경적인 방법이기 때문이에요.

세계 물의 날

점점 심각해지는 물 부족과 수질오염을 막기 위해 1992년 11월, 제47차 UN 총회에서 3월 22일을 '세계 물의 날'로 정했어요. UN은 각종 회의, 전시회, 세계 물 포럼을 개최하고 홍보물을 만드는 데 힘쓰고 있어요. 우리나라는 1994년부터 물의 날 행사를 개최하고 있지요.

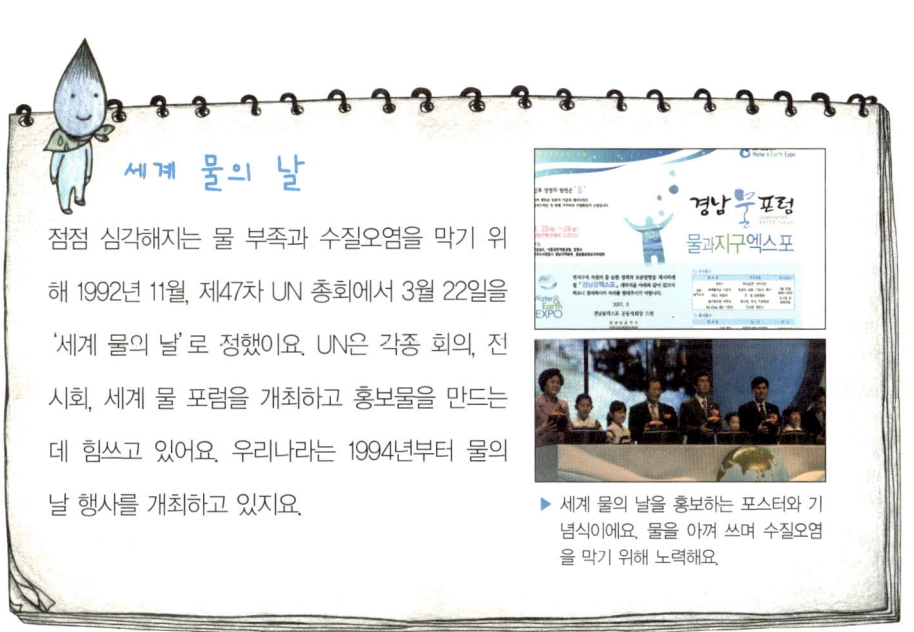

▶ 세계 물의 날을 홍보하는 포스터와 기념식이에요. 물을 아껴 쓰며 수질오염을 막기 위해 노력해요.

도시에서 빗물의 길을 찾아요

집중적으로 한 지역에 내리는 비를 집중호우라고 해요. 이런 집중호우는 예상하기 힘든 경우가 많아서 '게릴라성 폭우'라고도 하지요. 이렇게 비가 갑자기 많이 내리면 재산 피해는 물론 많은 인명 피해를 낳아요. 매년 홍수로 인해 고생하는 사람들을 뉴스나 신문에서 본 적이 있지요?

이런 문제는 시골뿐만이 아니라 도시에서도 자주 일어나요. 도시에는 계곡처럼 빗물이 다닐 수 있는 길이 거의 없기 때문에 더 큰 피해가 발생할 수 있어요. 풀과 나무가 드문 도시에서는 빗물이 땅속에 들어가지 못하고 아스팔트 위로 뿔뿔이 흩어지지요. 이렇게 되면 갑자기 불어나는 빗물을 막기 힘들어 하천이 넘칠 수가 있어요.

　비는 언제든지 내릴 준비를 하고 있어요. 그것이 게릴라성 폭우가 될지, 단비가 될지는 모르지요. 비가 떨어질 준비를 하고 있으니 우리도 그 비를 담을 수 있게 준비해야겠지요?

지구온난화로 지구가 아파요

전 세계가 지구온난화로 인한 이상기후로 몸살을 앓고 있어요. 지구의 기온이 높아지면서 가뭄과 폭염 등의 기상이변이 일어나는 것이지요. 호주에서는 높은 온도로 인한 건조한 날씨로 대형 산불이 끊이지 않고요, 중국 북부 지역은 밀밭의 43%가 가뭄으로 타들어간 적도 있어요. 문제는 중국의 가뭄 지역에서 심각한 황사가 발생한다는 거예요.

우리나라는 지난 2001년에 심한 가뭄을 겪으면서 농사에 큰 피해를 입었어요. 2008년 여름에는 유난히 비가 적게 온데다 가을 가뭄까지 겹쳤어요. 대표적인

피해지로 강원도 태백과 임진강이 있어요. 태백은 2008년 9월, 30년만의 가뭄으로 물속에 사는 수많은 생물이 죽었어요. 임진강은 가뭄으로 물이 줄어들면서 바닷물이 들어오는 시기가 빨라지고 있어요. 최근에는 강변의 뻘이 50cm 이상 쌓여서 바다에 사는 게까지 발견되었어요. 생태계가 바뀌고 강이 저수지로 변한 거예요.

지구가 뜨거워지면 물은 어떻게 될까요?

지구의 기후에 변화가 생기면 가뭄이나 홍수, 폭우가 자주 발생해요. 홍수나 폭우가 발생하면 물은 순간적으로 많아져요. 하지만 갑자기 늘어난 물은 지하로 흡수되지 않고 바다로 빠져나가요. 그래서 비가 그치면 사용할 수 있는 물이 줄어들지요. 물을 제대로 사용하려면 온실가스 배출을 줄여 지구온난화를 막아야 해요.

하천이 메말라 가고 있어요

빗물 관리를 해야 하는 또 다른 이유는 하천의 건천화 때문이에요. 건천화는 강물이 말라 가는 것을 의미해요. 농촌에 비해 도시 하천의 여러 곳이 메말라 가고 있어요. 우리나라의 대표적인 도심 하천인 관악구의 도림천은 여름 장마철을 제외하면 1년 내내 거의 물이 흐르지 않아요. 다른 지역의 하천도 마찬가지랍니다.

이런 현상의 원인은 빗물이 땅속 깊이 스며들지 못해 지하수가 부족하기 때문이에요. 지하수는 땅 밑에 숨어 있기 때문에 홍수 같은 재해보다 소홀하게 관리해 왔어요. 우리나라에서는 매년 400억 톤(ton)의 깨끗한 빗물을 바다로 흘려버리고 있어요. 버려지는 물의 2%만이라도 지하수에 채워 넣는다면 현재 모자라는 물의 양을 보충할 수 있지요.

사람들은 지하수를 화수분이라고 착각해요. 화수분은 아무리 꺼내 써도 재

물이 계속 나오는 요술 항아리를 말해요. 사람들이 서로 더 많은 지하수를 퍼내려고 경쟁을 하지요. 그러면 언젠가는 지하수도 부족하게 된답니다.

지하수를 아껴 쓰려면 지하수를 쓴 만큼 채워 넣어야 해요. 빗물을 모아서 땅속에 스며들게 하는 시설을 만드는 거예요.

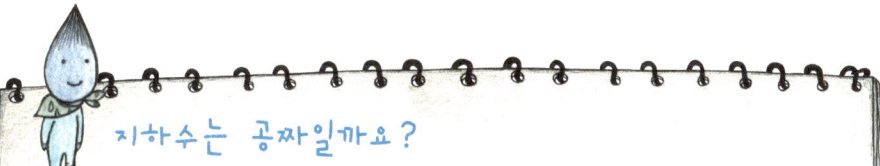

지하수는 공짜일까요?

대부분의 사람들은 지하수를 공짜라고 생각하고 함부로 사용하고 있어요. 수돗물처럼 이용한 만큼의 금액을 내지 않아서일 거예요.

지금의 지하수는 우리 선조들이 후손을 위해서 아끼고 관리한 거예요. 그러므로 우리들 역시 현재 고여 있는 지하수를 아껴서 사용하고 쓴 만큼 빗물로 채워 넣어야 해요. 이렇게 후손을 위하는 노력들을 하나씩 실천하는 것이 중요해요.

나는 물을 얼마나 사용하나요?

여러분도 잘 알겠지만 물이 없다면 지구상의 어떤 생명체도 살 수 없어요. 하지만 원하는 때에 물을 얻을 수 있는 우리는 물의 소중함을 깨닫지 못하며 지내 왔지요. 더러운 물이 깨끗한 수돗물로 나오기까지는 복잡한 과정과 많은 비용이 필요해요.

빗물을 모으고 잘 관리하는 것도 중요하지만, 그것보다 가장 먼저 해야 할 일은 물을 절약하는 거예요. 물 절약을 생활화하기 위해서는 자기가 하루에 얼

마나 많은 물을 쓰고 있는지 정확히 알아야 해요. 다른 나라 사람들과 내가 사용하는 물의 양을 한번 비교해 볼까요?

우리나라 국민 한 사람이 하루에 사용하는 물의 양은 약 360리터(ℓ)예요. 1.5리터의 병을 약 230여 개 모은 양이지요. 이 양은 독일 사람들이 사용하는 120리터에 비하면 훨씬 많은 양이에요.

양치질이나 세수를 할 때 수도꼭지를 계속 틀어놓고 물을 흘려보낸 적은 없었나요? 변기의 물통에 벽돌을 넣어 물을 아껴 쓰고 있나요? 일상생활에서 물을 절약할 수 있는 생활 습관을 찾아보세요.

3장 참참참, 빗물

여러분은 빗물에 대해 얼마나 알고 있나요?
대부분 알고 있는 빗물에 대한 이야기는 잘못된 것이 많아요.
이제부터 빗물의 숨겨진 비밀을 하나씩 알아보아요.

빗물은 산성일까요?

"요즘 비는 산성비라서 맞으면 대머리가 돼.", "빗물은 오염이 심해서 맞으면 피부병이 생길 수도 있어." 여러분도 이렇게 생각하나요? 많은 사람들이 빗물에 대해 오해하고 있어요. 빗물의 실제 산성도는 여러분들이 좋아하는 주스나 유제품보다 약해요. *pH5.6 이하인 빗물을 산성비라고 하는데, 콜라의 pH는 2.5이고 오렌지 주스의 pH는 3.0이에요. 콜라와 오렌지 주스의 산성도가 의외로 높지요? 그래도 우리는 이 음료를 즐겨 마시고 탈이 나지도 않지요.

아주 깨끗한 비라도 대기 중의 이산화탄소와 화학적으로 반응하기 때문에 처음에는 산성이에요. 하지만 산성비는 지붕 위에 떨어지면서 알칼리성이 돼요. 그리고 이 빗물을 모아두면 중성으로 변하지요.

★ pH
용액의 수소 이온 농도를 나타내는 지수입니다. 0에서 14까지 있으며 중성인 7을 기준으로 7보다 낮으면 산성, 7보다 높으면 알칼리성을(염기성)을 나타냅니다.

공기에서는 위험해도 물에서는 위험하지 않아요

비에 대한 오해는 대기오염과 수질오염의 차이를 이해하지 못하는 데서 시작돼요. 어떤 물질이 대기오염을 일으킨다고 해서 그 물질이 수질오염을 발생시키지는 않아요. 호흡기에 영향을 미치는 물질은 비교적 약한 코로 쑥 들어오지만, 마시는 물은 처리하여 공급되기 때문에 오염의 정도에 큰 차이가 있지요.

쉬운 예를 하나 들어 볼까요? 재채기가 날 정도의 고춧가루가 방 안에 있다면 우리 몸에는 바로 반응이 오지요. 하지만 같은 양의 고춧가루를 같은 부피의 물에 타면 재채기처럼 바로 반응이 나타나지 않아요. 즉, 같은 물질이라도 대기오염 기준치의 백만 배를 넘어야 수질오염에 문제가 될 수 있어요.

찰랑거리는 머릿결을 만들어 보세요

일부 오염된 공업지역에서는 산성비가 내릴 수도 있어요. 하지만 이 양은 우리나라에 1년 동안 떨어지는 1,290억 톤의 빗물 중 1억 톤도 안 될 거예요. 더구나 이 산성비도 땅에 떨어지자마자 중화된답니다.

그러므로 대머리가 되거나 피부병이 생길까 봐 벌벌 떨지 않아도 돼요. 오히려 산성비가 해롭다는 생각 때문에 떨어지는 비를 그냥 흘려보내서 큰 홍수가 나기도 하지요. 잘못된 상식 때문에 홍수 예방이나 피해 복구에 드는 경제적 피해가 있으면 안 되겠지요?

여기서 한 가지 더! 빗물에 관한 재미있는 실험 결과가 있어요. 빗물로 머리를 감으면 수돗물로 감은 것보다 더 윤기가 나고, 채소나 과일을 빗물로 재배하면 더 튼튼한 열매가 열린다는 사실!

빗물은 어디에 모일까요?

하늘에서 내린 비는 건물의 옥상 지붕면을 거쳐 모아져요. 빗물이 모아지는 면을 집수면이라고 하는데 이것은 빗물의 pH, 흐린 정도, 미생물 등 많은 수질적 요소들에 영향을 미쳐요. 즉, 집수면이 깨끗하면 빗물도 그만큼 깨끗해지겠지요. 따라서 집수면은 항상 청결하게 유지해야 해요.

대머리 걱정은 하지 마세요

여러분은 부모님과 함께 온천에 가 본 적이 있나요? 온천은 주변 대기 온도보다 높은 온도의 물을 뿜어내는 샘이에요. 온천에는 우리 몸에 좋은 다양한 성분이 들어 있어서 치료 효과를 가지고 있어요.

일본의 어느 유황 온천물 pH를 측정했더니 2.9가 나왔대요. 산성비를 무서워하는 우리나라 사람들은 그 온천에 발가락도 안 담그려 하겠지요. 그런데 유황 온천욕을 한 사람들은 물론이고 평생 그 물로 씻고 살아온 지역 주민들은 아무런 문제가 없었어요.

사람들은 산성비를 맞으면 대머리가 된다고 걱정을 해요. 하지만 산성비와 대머리의 관계에 대한 보고나 기록은 없어요. 오히려 머리를 감을 때 사용하는 샴푸나 린스의 산성이 훨씬 강하지요. 대머리가 되는 원인은 유전자, 피로, 스트레스, 영양 결핍 등 여러 가지 요인 때문이에요. 따라서 가끔 맞는 약한 산성비 때문에 대머리가 될 일은 없답니다.

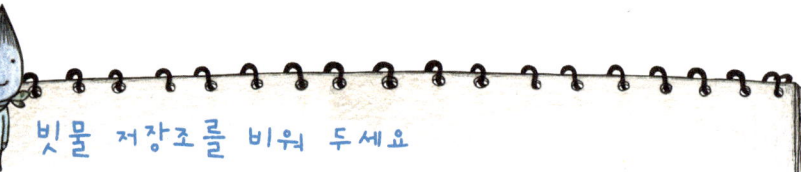

빗물 저장조를 비워 두세요

물은 산소와 수소가 강하게 결합되어 있어요. 그런데 물을 얼리면 이 결합 사이에 틈이 생겨서 부피가 증가하게 돼요.

우리나라의 경우 겨울에 비가 거의 오지 않으므로 날씨가 추워지면 빗물 저장조를 비워 두어야 해요. 저장조 안의 빗물이 얼면 부피가 팽창하여 빗물 저장조가 망가질 염려가 있기 때문이에요.

빗물을 마셔요

우리 인류는 탄생 때부터 빗물을 마시면서 살아왔어요. 수돗물도 그냥 못 마시는데 빗물을 어떻게 마시는지 신기하다고요? 물의 순환과정을 살펴보면 빗물을 마실 수 있는 방법을 알 수 있어요.

비가 내리면 강물, 호수, 지하수가 되지요. 그리고 처리과정을 거치면 수돗물이 되는 거예요. 물의 순환과정에서는 하류로 내려갈수록 이물질이 많이 들어 있어요. 그래서 우리가 마실 수 있는 물이 되려면 빗물에서 하류로 내려갈수록 제거해야 할 이물질이 많아요.

물을 안전하게 마실 수 있도록 처리하고 운반하는 데 들어가는 비용은 물의 종류에 따라 차이가 있어요. 어떤 종류의 물이 가장 효과적인지 비교해 볼까요?

먼저 강물의 처리 비용을 살펴보아요. 강물에는 처리해야 할 이물질이 많으며, *환경호르몬처럼 위험한 것도 있어요. 그러므로 처리과정을 통해 마실 수 있더라도 나중에 또 다른 물질이 나타나면, 더 많은 비용을 들여서 처리해야 하지요.

반면에 빗물에서 문제가 되는 것은 산성비와 *입자상 물질, 그리고 미생물 뿐이에요. 산성은 쉽게 중화되고, 입자상 물질은 매우 적어 화학약품이 없어도 분리할 수 있고, 미생물은 간단히 소독하면 마실 수 있어요. 이것은 물순환에서 비가 어떻게 만들어지고 운반되는지 생각하면 쉽게 알 수 있어요.

　　다음으로는 운반비를 비교해 볼까요? 역시나 빗물이 적은 비용이 드네요. 댐이나 하천에서 물을 공급하면 운반비가 많이 들지요. 하지만 빗물은 떨어진 자리에서 바로 사용하기 때문에 운반비가 필요 없어요. 정전이나 수질오염 사고 같은 비상사태가 벌어졌을 때를 생각해 보세요. 생수병을 운반하기보다는 그 자리에 있는 빗물을 먹을 수 있다면 훨씬 효율적이겠지요?

★ 환경호르몬
생물의 호르몬을 생산하고 분비하는 기능에 문제를 일으키는 화학물질입니다.

★ 입자상 물질
미세한 입자로 된 고체 상태의 물질입니다. 물속에 가만히 두거나 약품을 섞으면 물밑에 가라앉습니다.

4장 빗물은 보물창고

일상생활에서 빗물을 이용할 수 있는 방법은 너무나 다양해요.
환경을 살리고 나라 경제도 살리는 빗물의 장점을 살펴보아요.

높은 곳이 좋아요

빗물은 어디에서 받을 수 있을까요? 산에서 받을 수도 있고 도로를 지나 하천에 들어가기 직전에 받을 수도 있어요. 빗물은 받은 곳에 따라 수질과 *위치에너지가 다르답니다.

'아래'에서 모은 빗물을 사용하려면 처리과정을 거쳐야 하고 비용도 많이 들지요. 하지만 '위'에서 받은 물은 처리과정이 필요 없기 때문에 비용이 들지 않아요. 그리고 위에서 모은 빗물이 훨씬 깨끗하지요.

위에서 모은 빗물의 장점이 또 있어요. 빗물은 하늘에서 떨어지기 때문에 높은 위치에너지를 가지고 있어요. 이 에너지를 이용해서 물레방아를 돌릴 수도 있고 자연 분수를 만들 수도 있지요. 하지만 위치에너지가 낮아진 빗물을 다시 위로 보내려면 펌프와 같은 에너지를 써야 해요.

빗물이 떨어지면 땅이 깎이기도 하고 하수관에 쌓인 찌꺼기가 씻겨 내려가기도 해요. 그래서 비가 많이 오면 하천에 흙탕물이 넘치지요. 하지만 위에서 빗물을 모으면 땅이 깎이지 않고, 하수관의 찌꺼기가 떠오르지도 않아요. 하천의 흙탕물이 줄어드니 이를 처리하기 위한 비용 또한 줄어들겠지요?

우리나라는 산이 많기 때문에 높은 지역에 떨어진 빗물을 모아두면 아주 유용해요. 홍수를 막을 수도 있고 자연스럽게 땅으로 흘려보내 지하수위도 보충할 수 있어요.

★ 위치에너지
물체가 어떤 위치에 있을 때 가지는 에너지입니다.

오염물질이 적어요

우리나라에 떨어지는 전체 비의 양은 1,290억 톤이에요. 어마어마한 양이지요? 하지만 그중에서 우리가 사용하는 양은 24%밖에 되지 않아요.

몸에 좋다는 약수는 아주 오래전에 내린 빗물이 땅에 스며들어서 칼슘, 마그네슘 성분들이 녹아 있어요. 들어간 양이 적고 많음에 따라 미묘한 맛의 차이가 나기도 해요. 어떤 성분이 지나치게 많으면 빼야 하는 경우도 있지요.

바닷물은 담수 처리과정을 거쳐서 먹는 물로 바꾸기도 해요. 그런데 이 과정에는 엄청난 양의 에너지가 필요하기 때문에 수돗물의 다섯 배가 넘는 비용이 들어요. 바닷물 안에 어떤 성분이 있었는지 정확하게 알 수도 없지요.

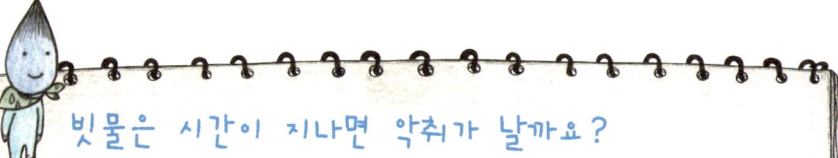

빗물은 시간이 지나면 악취가 날까요?

부엌에서 우유가 썩고 있다면 심한 악취가 나겠지요? 우유 속에 들어 있는 미생물이 유기물을 분해할 때 생기는 물질로 인해 악취가 나거나 맛이 변하게 돼요.
그렇다면 빗물도 시간이 지나면 썩을까요? 바다에서 증발한 수증기가 구름이 되어 땅에 내리는 것이 빗물이에요. 따라서 빗물에는 유기물이나 미생물이 들어가는 일이 거의 없어요. 아주 적은 양의 대기오염물질이나 미생물이 들어가는 경우가 간혹 있지요. 하지만 미생물의 먹이가 되는 유기물의 양이 빗물에는 충분하지 않아서 미생물이 번식할 수 없답니다. 그래서 빗물은 썩지 않고 악취도 나지 않아요.

　수도꼭지에서 나오는 물은 처리과정이 조금 더 복잡해요. 수돗물이 나오기까지의 과정을 거꾸로 살펴보면 '수돗물-수도관-정수장-취수장-강물(호수)-계곡수-빗물' 이에요. 단계가 늘어날수록 오염물질이 들어갈 확률도 높아져요. 1급수인 깨끗한 물에도 물고기들의 분비물이 섞여 있지요. 또한 야생동물의 분비물이나 농약 등이 빗물에 씻겨 강으로 흘러 들어가요.

　오염물질들은 소독하는 과정에서 *발암물질을 만들어 내기도 해요. 환경호르몬은 처리과정에서 없어지지 않기도 하지요. 정수장에서 깨끗한 물을 내보낸다고 해도 배수관에서 오염이 일어날 수도 있어요. 시간이 지날수록 점점 더 많은 오염물질이 생기지요. 그만큼 물 관리를 잘하려면 많은 비용이 들어요.

　하지만 빗물에는 이렇게 많은 오염물질들이 없답니다.

★ **발암물질**
암이 생기게 하는 물질입니다.

빗물을 모으는 시설을 설치해요

건물 위에 떨어진 빗물은 대부분 홈통을 통해서 하수도로 그대로 흘러나가요. 그러나 서울대학교 기숙사의 지붕에서는 1년에 1,600톤의 빗물을 받아 62% 정도 사용하고 있어요. 또한 서울특별시 광진구의 스타시티에서는 40,000톤의 빗물을 받아서 66% 정도를 사용하고 있지요.

이처럼 빗물을 받아 사용할 수 있는 시설을 설치하면 물을 절약할 수 있어요. 건물에 빗물 저장조를 설치하는 데는 많은 비용이 들어요. 하지만 정원이나 보도, 중앙분리대 등을 오목하게 만들면 큰돈을 들이지 않고도 빗물을 모을 수 있어요. 또는 건물을 설계할 때부터 빗물 저장조를 넣으면 비용을 줄일 수 있지요.

도시뿐만이 아니라 산이나 논에서도 빗물을 모으면 홍수를 방지하고, 지하수를 보충할 수 있으며, 생물도 다양해져요.

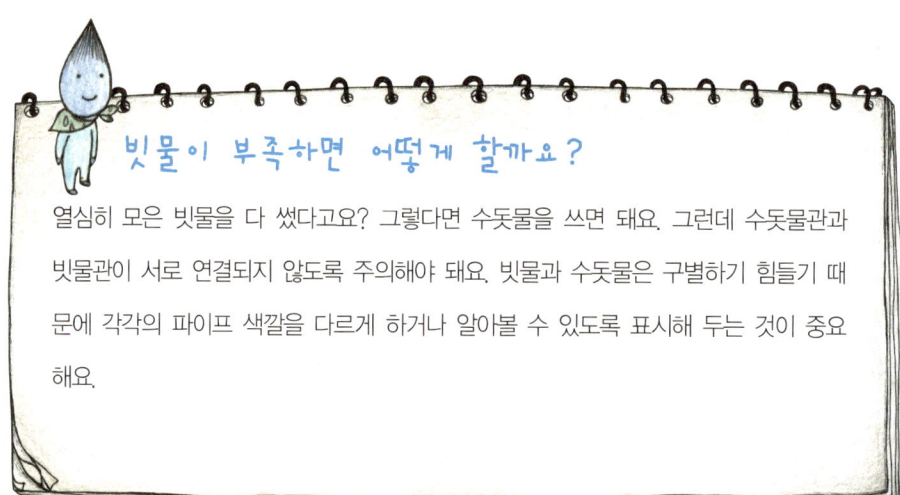

빗물이 부족하면 어떻게 할까요?

열심히 모은 빗물을 다 썼다고요? 그렇다면 수돗물을 쓰면 돼요. 그런데 수돗물관과 빗물관이 서로 연결되지 않도록 주의해야 돼요. 빗물과 수돗물은 구별하기 힘들기 때문에 각각의 파이프 색깔을 다르게 하거나 알아볼 수 있도록 표시해 두는 것이 중요해요.

버려야 하는 빗물도 있어요

제일 처음 내린 빗물은 모으지 않는 것이 좋아요. 비가 오지 않을 때 대기 중이나 집수면에 쌓인 오염물질들이 빗물 저장조로 쓸려 내려오거든요. 따라서 초기 빗물 (1.0~1.5mm)을 제거하는 장치가 필요해요. 또는 처음에 내린 빗물을 받았다가 찌꺼기를 가라앉힌 뒤에 깨끗한 빗물만 사용하는 방법도 있지요.

할 수 있는 일이 정말 많아요

빗물을 받아서 사용하면 여러 가지 장점이 있어요.

우선 빗물을 받아 청소를 하거나 나무, 꽃 등을 가꾸면 수돗물을 아낄 수 있어요. 여름철에 바닥이나 지붕에 열을 식히기 위해 빗물을 뿌려 주면 온도를 낮출 수 있고, 에어컨에 사용하는 에너지도 아낄 수 있지요. 하천에서 물을 처리하여 끌어오는 데 드는 에너지를 줄여 지구온난화를 막을 수 있어요. 또 모은 빗물을 지하로 흘려주면 지하수를 보충하는 역할도 해요.

모아둔 빗물을 잘 관리하면 비가 많이 올 때와 비가 적게 올 때를 동시에 대

비할 수 있어요.

산불이 났을 때는 불이 크게 번지기 전에 끌 수 있어요. 불이 크게 번지면 많은 소방차가 필요하겠지만 화재 초기에는 많은 물이 필요 없어요. 중요한 점은 불이 난 것을 발견한 사람이 빠른 시간 안에 근처의 물로 불을 끄는 것이지요. 이런 중요한 역할을 모아둔 빗물이 할 수 있어요.

사람이 별로 살지 않는 산간 지역에서는 빗물 저장조를 군데군데 두는 것이 좋아요. 각 저장조에 일정한 물의 양을 확인하는 시스템이 있으면 비상시에 신속하게 대처할 수 있어요.

5장 빗물의 활용

지금까지 빗물이 우리 생활에 얼마나 소중한지 알아보았어요.
우리나라뿐만이 아니라 세계의 여러 나라에서는 빗물을 어떻게
이용하고 있을까요?
구체적인 사례를 살펴보며 빗물을 적절하게 활용해 보세요.

우리나라의 사례

섬에서 빗물을 이용해요

▶ 제주도에서는 바다로 흘러가는 빗물을 지하에 잘 저장해서 효율적으로 사용하고 있어요.

　최근 제주도에서는 자체 정수 시설을 갖추어 물을 공급하고 과수원이나 밭에서는 빗물을 이용하고 있어요. 그러나 울릉도, 마라도 등의 작은 섬들은 물이 부족해요. 해결책으로 지하수나 해수의 담수화, 인공 강우의 사용 등이 제시되고 있지요.

　하지만 지하수는 공급량에 제한이 있고, 해수의 담수화 및 인공강우는 설치비와 운영비가 많이 들어요. 따라서 섬 지역에서는 빗물 저장 시설을 설치할 수 있는 행정적 지원이 필요해요.

'스타시티'가 뭐예요?

▶ 스타시티 정원에 모아둔 빗물을 뿌리면 수도세 부담이 적어요.

　스타시티는 서울특별시 광진구에 위치한 주상복합단지예요. 이 건물에서는 2007년에 내린 빗물 65,000톤 중 약 40,000톤의 물을 사용했고 빗물 이용률은 약 66% 정도로 나타났어요.

　스타시티 빗물 이용 시설은 다목적, 적극적 그리고 서로 이익을 얻을 수 있도록 설계 되었어요. 다목적 빗물 관리를 위해 수질에 따라 저장조를 구분하고 홍수 방지, 물 절약, 비상용으로 나누었어요. 또한 적극적 빗물 관리를 위해 저장조의 수위 및 수량을 원격 모니터링해서 여러 가지 문제에 대비할 수 있었어요. 그리고 감독 기관에서는 추가적인 비용이 들지 않고, 사업자에게는 이익을 줄 수 있도록 했지요.

경기장을 깨끗하게 해요

여러분은 종합운동장이나 실내체육관에서 여러 사람들과 응원을 하며 경기를 본 적이 있나요? 이와 같이 넓은 지붕 면적을 차지하는 시설물 중에서 대통령이 정하는 시설물을 세울 때는 빗물 이용 시설도 설치해야 돼요.

2002년 월드컵 개최 도시의 운동장 열 개 중 인천, 대전, 전주, 서귀포에는 빗물 이용 시설을 설치했어요. 여기서 모아진 빗물은 화장실 세면대에서 손을 씻을 때 이용할 수 있어요. 그리고 청소를 하거나 경치를 깨끗하게 할 때 사용하고 있지요.

▶ 인천 월드컵경기장에는 빗물 이용 시설이 설치되어 있어요.

▶ 서귀포 월드컵경기장에는 500톤의 빗물 이용 시설이 갖춰져 있어요.

비가 오면 행복한 곳이 있어요

▶ 경기도 의왕시의 갈뫼중학교에서는 빗물을 이용해서 생태연못을 조성했어요.

우리나라에 빗물 이용 시설이 설치된 학교는 몇 군데나 있을까요? 여러분의 학교에는 설치되어 있는지 한번 확인해 보세요.

현재는 경기도의 16개 초·중·고등학교에 빗물 이용 시설이 있어요. 여기서 모아진 빗물은 주로 청소할 때 사용되고 정원이나 연못을 가꾸는 데 쓰이기도 하지요. 이러한 시설을 통해 학생들은 물과 환경의 소중함을 몸소 체험할 수 있어요.

서울대학교에는 비가 오면 행복한 곳이 있어요. 그곳은 새로 지은 대학원 기숙사예요. 2003년 4월에 빗물 이용 시설을 설치한 후 1년 동안 약 1,600톤의 빗물을 받아서 화장실 용수와 조경 용수로 사용했어요. 빗물 덕분에 절약된 수도 요금은 220만 원이었지요.

서울대학교 안에는 수많은 건물들이 있어요. 만약 100개의 건물에서 빗물을 받아서 이용한다면 1년 동안 약 2억 원의 돈을 절약할 수 있어요. 앞으로 서울대학교에서 새로 짓는 모든 건물에는 빗물 이용 시설이 설치돼요.

빗물 이용 시설은 많은 사람들에게 행복을 안겨다 주었어요. 우선 서울대학교의 안전을 담당하는 분들이 좋아했지요. 10톤 규모의 든든한 빗물 저장조가 있으니 화재도 염려 없고 청소도 쉬워졌어요.

학교 안에 있는 버들골에 놀러 오는 사람들의 표정도 밝아졌어요. 빗물을 끌어온 후 버들골에 있는 연못에는 항상 물이 채워져 있어요. 그래서인지 생태계가 되살아나고 있지요. 버들골에 놀러 온 사람들은 새롭게 나타난 동물과 식물을 보고 반가워해요.

서울대학교 근처에 사는 '건강한 도림천을 만드는 주민 모임'도 행복해졌어요. 장마 때 빗물을 모아 천천히 흘려보내면 홍수를 막을 수 있고, 모은 빗물을 가뭄 때 내보내면 도림천의 생태계가 살아나기 때문이에요. 주민들은 더욱 적극적인 빗물 관리를 바라고 있어요. 도림천의 생태계가 살아난다면 서울대학교와 주민의 자랑거리가 되겠지요?

▶ 서울대학교 안에 있는 버들골이 살아나기 시작했어요.

국군 아저씨도 빗물을 이용해요

강원도 인제에 있는 육군 노도부대는 2002년 6월에 빗물 저장조를 설치했어요. 그래서 세면, 청소 용수, 정원 용수, 세차 용수 등 외부에서 사용이 가능한 여러 가지 용도로 빗물을 쓰고 있어요.

외국의 사례

일본 스미다구, 홍수 걱정에서 탈출!

▶ 일본 스미다구청 옥상에 있는 빗물 수집 시설이에요.

▶ 스미다 시청은 일본에서 빗물을 이용한 열세 번째 공공기관이에요.

일본은 오래 전부터 빗물의 효용성을 인정하고 일상생활에 이용해 왔어요. 도쿄도에 있는 스미다구는 20년 전까지만 해도 물에 잘 잠기는 지역이었어요. 집중호우가 내리면 빗물이 하수도로 빠져나가지 못하고 거꾸로 올라오는 바람에 도시가 물에 잠기곤 했지요. 게다가 이웃 지역에서 수돗물을 끌어다가 써서 늘 물 부족 현상에 시달렸어요.

이러한 문제를 근본적으로 해결하기 위해 공무원들과 주민들이 머리를 맞대고 의논하기 시작했어요. 그 결과 스미다구에 있는 모든 건물마다 빗물 저장조를 설치하기로 했어요.

1991년부터 설치하기 시작한 빗물 이용 시설은 공공건물은 물론 상가, 일반 주택 등 200여 개 건물에 갖춰졌어요. 이 시설로 집중호우가 내려도 홍수가 나는 일이 없어졌어요.

신이 난 주민들은 스스로 빗물 이용 시설을 관리해서 평소에는 생활용수로 사용하고 화재와 지진 같은 비상시에도 효과적으로 쓰고 있어요. 빗물을 모아 홍수도 예방하고 비상시 물 부족 문제까지 한꺼번에 해결한 거예요.

그리고 2010년 말 완공 예정인 '스미다 수퍼타워'에 2,600톤 규모의 빗물 이용 시설을 설치하고 있어요. 이것은 세계에서 가장 큰 전파탑이라고 해요. 이 탑이 완공되면 스미다구 주민들은 빗물을 어디에 쓸 지 행복한 고민을 하게 될 거예요.

사쿠라시의 특별한 빗물 시설

동경에서 가까운 치바현 사쿠라시에는 아주 특별한 빗물 시설이 있어요. 바로 도로 가장자리에 설치된 빗물 침투 시설이에요. 비가 오면 이 시설을 통해 빗물이 깨끗해지고 땅으로 스며들어가 지하수가 돼요. 그 뒤 하천으로 흘러가 사시사철 많은 물이 흐르지요.

*가가시미즈 주위의 거의 모든 집들에는 빗물 침투 시설이 설치되어 있어요. 뿐만 아니라 세계 최초로 아스팔트 도로에서도 빗물을 모아 지하로 스며들게 하는 빗물 침투 필터를 개발했어요. 치바현은 앞으로 30년 내에 전 도로에 이 시설을 설치할 계획이에요. 이 모든 시설은 처음부터 시민의 힘으로 이루어진 것이었지요.

★ **가가시미즈**
물이 솟아나오는 연못입니다.

▶ 일본 치바현은 아스팔트 도로에서도 빗물을 모을 수 있는 필터를 개발했어요.

반다아체를 살린 빗물 저장조

▶ 지진해일로 마을을 떠나야 했던 반다아체 사람들은 빗물 저장조를 설치해 다시 돌아올 수 있었어요.

인도네시아 반다아체는 우리나라보다 두 배의 많은 비가 내리지만, 국민의 대다수가 안전한 물을 공급받지 못하고 있어요. 못사는 사람들은 물을 사 먹는데 소득의 30%까지 지출하고 있답니다. 엎친 데 덮친 격으로 2004년에는 지진해일이 발생해서 수십만 명의 사상자와 이재민이 발생했지요.

그로부터 2년 후, 전 세계의 도움으로 복구 작업이 진행되었지만 사람들은 하나둘씩 떠나기 시작했어요. 바로 물이 없었기 때문이었지요. 2007년과 2008년에 서울대학교 건설환경공학부 학생들이 그곳으로 봉사활동을 갔어요. 일반주택과 보건소, 유치원 등에 5톤 가량의 빗물 저장조를 설치해 생활용수로 사용할 수 있게 도와줬어요. 마을을 떠났던 주민들은 다시 돌아올 수 있었지요. 반다아체 사람들은 빗물을 활용해 물 공급이 이루어지자 걱정 없이 살 수 있게 되었어요.

친환경 호주의 빗물 이용 방법

호주의 농업지역에서는 많은 사람들이 빗물을 사용하고 있어요. 농업지역에서의 빗물 이용은 지역에 따라 30%에서 100%까지 다양하지요. 특히 남호주는 빗물 저장조의 이용이 널리 퍼져 있어요. 1981년 남호주 정부가 시작한 빗물 저장조 보급 캠페인은 아직까지도 진행 중이지요.

시드니 올림픽경기장은 빗물을 저장해 화장실 용수로 쓰고 있어요. 1,500개의 화장실에서 빗물 수도를 사용하는데, 50%에 가까운 물 절약이 가능해요. 겨울에는 너무 건조해서 빗물을 이용하지 못해요. 하지만 올림픽 이후 여름철의 빗물을 저장해 화장실 용수로 활용하고 있어요.

또한 록힐 공원의 모든 주택에는 빗물 저장조가 설치되고 있어요. 사용한 빗물은 저수지나 연못으로 들어가서 정수된 후 다시 공원을 푸르게 만드는 데 이용하지요.

호주의 제일 남쪽에 있는 타즈매니아 섬에는 클라우드 주스(Cloud juice)가 있어요. 이것은 빗물을 이용해서 만든 생수로 아주 비싼 값에 판매되고 있지요.

호주의 대표적인 콴타스 항공에서는 일등석과 비즈니스석에 빗물 생수인 클라우드 주스를 공급해요.

▶ 남호주에서는 빗물 저장조 보급 캠페인을 진행하고 있어요.

레인 하우스

동경대 교수인 스즈키 씨의 집은 레인 하우스로 유명해요. 이 집은 물의 순환을 집으로 옮긴 거예요. 빗물과 햇빛의 힘으로 방 안에 온도를 조절하고 정원을 가꿔요. 이렇듯 빗물을 이용해서 삭막한 도시를 바꿀 수 있지요.

정원에서는 빗물을 마신
나무가 자라고 있어요.

대만의 환경을 살린 빗물

대만은 놀라운 경제성장과 함께 대규모 산업단지가 늘어났어요. 필요한 물이 많아서 큰 규모의 저수지를 건설하다 보니 환경 생태계가 파괴되었지요.

대만 국민들은 환경을 살려야겠다는 생각을 했어요. 그래서 빗물을 사용하고 물을 다시 쓰는 방법이 연구되었지요. 특히나 대만에서의 빗물 이용은 학교나 각종 사업 분야 및 다양한 조직에서 볼 수 있어요.

대표적인 예로 타이베이시 동물원이 있어요. 이 동물원은 900톤 정도의 빗물을 모을 수 있는 시설을 갖추고 있어요. 이 시설에서 모아진 빗물은 정원을 가꾸거나 화장실 등에서 쓰이지요.

적극적으로 빗물을 이용하는 독일

독일에서는 대기오염 때문에 빗물을 마시는 물로 사용하지는 않아요. 하지만 정원이나 화장실, 세차 등에 빗물을 이용해서 제한된 지하수를 보존하고 있어요.

베를린에 있는 소니센터에서는 저장된 빗물을 이용해 건물 외부를 가꾸거나 화장실에서 사용하고 있어요. 화재가 발생할 경우에도 빗물을 쓰지요. 하노버에 있는 엑스포 박람회장에서는 5개월의 박람회 기간 동안 빗물을 사용해 수돗물을 절약했어요. 또한 코블렌쯔의 기술대학에서도 나무로 덮인 지붕을 통해 빗물을 모아서 화장실 용수나 소방 용수로 사용하고 있지요.

미국에서도 '빗물을 쓰자!'

환경에 대한 관심이 높아지면서 미국에서 가장 처음으로 빗물 저장 시설의 설치를 지원한 곳은 캘리포니아였어요. 캘리포니아에서는 물을 생산하는 비용이 늘어나고 1976년에서 1977년까지의 가뭄 때문에 빗물에 관심을 가졌어요. 하와이와 같은 섬에서는 농사를 짓거나 수도 시스템이 없는 곳에서 빗물을 많이 쓰고 있어요.

건조한 지역인 텍사스에서는 수도 시스템이 들어오면서 빗물 이용 시설이 많이 사라졌지요. 하지만 다시 빗물 이용에 대한 관심이 높아지고 있어요. 수도와 우물물을 쓰는 것보다는 빗물을 이용하는 것이 경제적이기 때문이지요.

물 부족 현상을 빗물로 해결한 영국

영국은 1995년 심각한 물 부족 현상을 겪었어요. 물을 공급하던 회사들은 한계를 느꼈고 국민들은 깨끗한 물이 제한되었다는 것을 깨달았어요.

영국의 대표적인 빗물 이용 시설은 밀레니엄 돔이에요. 이 건물은 지붕에서 받은 빗물로 화장실 용수의 20%를 사용하고 있어요. 남은 빗물은 처리과정을 거친 후 연못에 저장되지요. 연못에 물이 넘칠 경우에는 템스 강으로 보내요.

▶ 영국의 대표적인 빗물 이용 시설은 밀레니엄 돔이에요.

가정용 빗물 이용 시설이 많은 태국

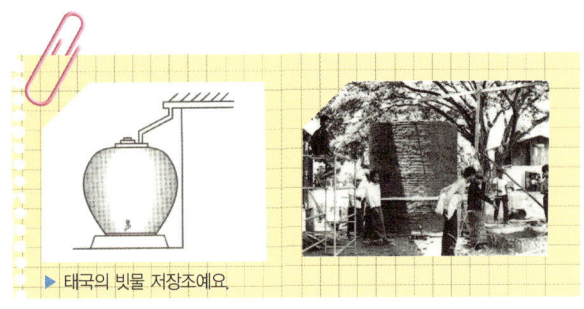
▶ 태국의 빗물 저장조예요.

태국의 동북부 지대는 큰 하천이 없고 지하수에 염분이 많아 마실 물이 부족했어요. 그래서 예전부터 빗물을 이용했어요. 특히 1980년부터 가정용 빗물 이용 시설을 개발해 왔어요. 그래서 철근 콘크리트로 된 가정용 빗물 저장조가 수백만 개나 건설되었지요.

기타 여러 나라들의 빗물 이용

▶ 캄보디아에서 널리 사용하고 있는 빗물 저장조예요.

선진국과는 달리 인도, 캄보디아 등의 아시아 국가들과 케냐, 탄자니아 등의 아프리카 국가들은 수도 시설이 부족했어요. 그래서 일찍부터 빗물의 이용을 생활화했어요.

그러나 빗물 저장조의 구입이 어려워 마실 물을 구하기 위해 먼 길을 오가는 사람들이 많아요. 이러한 어려움을 해결하기 위해 국제기구에서 빗물 저장 시설을 보급하고 있어요.